POUR M. LANGLOIS

CONTRE

M. LE PRÉFET DE POLICE,

LA BANQUE DE FRANCE,

M. MONIN-JAPY,

M. OUDINÉ.

TABLE DES MATIÈRES.

Demande d'autorisation par M. Langlois. 3
Adhésion des membres du conseil de surveillance. 4
Projet de règlement. 4
Autorisation de M. le Préfet de police à M. Langlois. 6
Nomination d'un commissaire spécial près la Loterie. 8
Notification de cette nomination à M. Langlois. 9
Propositions de changer la destination motivée sur les mauvaises nouvelles de Californie : à M. le ministre de la marine. 9
Extrait du procès-verbal de la séance du Conseil de surveillance. Protestation de M. Langlois. 11
Au maire du Havre. 12
Arrêté de clôture de la Loterie et retrait d'autorisation 13
Notification de cet arrêté et protestation de M. Langlois. 14

DOCUMENTS COMMUNIQUÉS.

Lettre de M. Baroche, ministre de l'Intérieur 15
Rapport de M. Reyre. 16
Lettre de M. Léon Faucher, ministre de l'Intérieur 19
Rapport de M. Reyre. 19
Clauses du marché avec M. Marziau et Cie 20

TRIBUNAL
de
PREMIÈRE INSTANCE
de la Seine.

—

1re CHAMBRE.

—

PRÉSIDENT,
M. DEBELLEYME

—

PIÈCES
ET
DOCUMENTS JUSTIFICATIFS.

Monsieur le Ministre,

Permettez-moi de soumettre à votre appréciation un projet qui a déjà reçu l'assentiment de plusieurs personnages des plus notables, et que je crois de nature à être accueilli par la France entière avec un sympathique empressement.

Préoccupé, comme tous les bons citoyens, du double inconvénient qu'offre, tant au point de vue philanthropique que sous le rapport politique, la présence à Paris d'un grand nombre d'ouvriers sans ouvrage, frappé, en même temps des avantages qu'il pourrait en résulter, et pour leur bien-être personnel et pour la tranquillité de la Cité, à transporter gratuitement ces hommes déclassés en Californie, j'ai conçu l'idée d'organiser en leur faveur une sorte d'émigration volontaire à l'aide de bâtiments que je réunissais pour créer un service régulier entre la France et la Californie.

Restait toutefois la difficulté de trouver, dans l'état de gêne où est le Trésor, les fonds suffisants pour couvrir les frais nécessités par le transport, dans ces contrées lointaines, de plusieurs milliers d'individus; mais bientôt cette difficulté elle-même m'a semblé pouvoir être facilement levée par la création d'une Loterie, dont le produit principal serait appliqué, prélèvement fait de la somme nécessaire pour l'achat des Lots et pour les frais d'administration, au transport des ouvriers désignés par l'Autorité parmi ceux qui viendraient s'inscrire sur des registres déposés, à cet effet, dans les divers quartiers de la Capitale.

J'ai l'honneur de vous remettre ci-joint un projet de règlement pour l'administration de cette Loterie, en déclarant à l'avance que je suis prêt à accepter toutes les modifications ou innovations à ce projet qui pourraient être reconnues nécessaires.

J'ose espérer, Monsieur le Ministre, qu'après avoir pris connaissance de ce document, vous n'hésiterez pas à autoriser une Loterie ainsi conçue dans un double esprit de philanthropie éclairée et de préservation sociale.

Et ce n'est pas en mon nom seulement que je formule cette requête. Déjà j'ai pris soin, ainsi que je l'indiquais en commençant, de m'assurer l'assentiment et le concours de plusieurs personnes des plus honorables, dont vous trouvez les signatures à la suite de cette lettre, et qui veulent bien consentir à former le Conseil de surveillance de la Loterie projetée, si, comme j'aime à le croire, votre sanction, Monsieur le Ministre, lui est acquise.

Tous les fonds provenant de la Loterie seront déposés au Comptoir national d'escompte de Paris, établissement qui jouit d'une confiance justement méritée et qui, de plus, est placé sous la surveillance immédiate de M. le ministre des finances.

Je suis avec respect, etc., *Signé* : LANGLOIS.

Nous soussignés, déclarons adhérer à la lettre qui précède et consentir, par conséquent, à faire partie du Conseil de surveillance de la Loterie, proposée par M. le capitaine Langlois dans les termes et conditions qui sont exposés dans le projet de règlement ci-joint.

Signé : De Vaux (du Cher),
Ancien préfet, membre du conseil de préfecture de la Seine.

Signé : J. Clary,
Représentant du peuple.

Signé : A. Gense,
Prop. offi. de la Légion-d'Honneur.

Signé : L. Porion,
Membre de l'Assemblée nation. et maire d'Amiens.

Signé : Decan,
Maire du 3e arrondissement.

PROJET DE RÈGLEMENT.

Le Conseil de surveillance veillera à la répartition des fonds encaissés suivant le tableau ci-dessus, et soumis à l'approbation de l'autorité.

Il contrôlera les diverses opérations de la Loterie sans responsabilité personnelle de chacun de ses membres, et réfèrera à l'autorité supérieure administrative des infractions qu'il croirait rencontrer dans une opération où le public doit trouver toutes les garanties désirables relativement à l'exportation des colons, au tirage de la Loterie, ainsi qu'à la répartition des Lots annoncés, le tout proportionnellement au nombre de billets placés.

Seront faits à forfait, et sous la responsabilité du Gérant, les frais :

De publicité;

D'installation du bureau, loyers etc ;

De correspondance en France et à l'étranger ;

De remises ou commissions aux agents ou intermédiaires chargés du placement des billets ;

De gratifications ou traitements aux employés ;

Du matériel de toute nature devant servir à la confection, à l'émission et au tirage des billets.

Le Capital total de la Loterie, qui s'appellera Loterie californienne, sera de 7,000,0000 représentés par 7,000,000 de billets à 1 franc, sans séries, chaque billet pouvant concourir au gros Lot.

Il sera alloué pour tous frais d'Administration un prélèvement de 20 p. 0/0 sur les 2 premiers millions encaissés soit. . . . . 400,000 fr.

15 p. 0/0 pour les 2 millions suivants. . , ... 300,000

10 p. 0/0 sur les 3 derniers millions. 300,000

Ensemble. 1,000,000

La valeur des Lots à distribuer aux souscripteurs sera de 1,100,000 francs sur le placement total, ainsi réparti :

1	Lot de	400,000 fr.	en Lingot d'or.
1	— de	200,000	*id.*
1	— de	100,000	*id.*
2	— de	25,000	*id.*
10	— de	10,000	*id.*
50	— de	5,000	*id.*
65	Lots.		

Dans le cas où la totalité des billets ne serait pas placée, le nombre des Lots inférieurs serait diminué, mais le gros Lot resterait toujours le même.

Les sommes consacrées au transport des colons seront dans la proportion de 60 p. 0/0 sur les deux premiers millions, soit : 1,200,000 fr. moyennant quoi *seront transportés à forfait* 1,200 *Colons.*

Ces sommes monteront à 65 p. 0/0 des encaissements pour les deux millions suivants, soit 1,300,000 fr. pour transporter 1,400 colons de plus et à 70 p. 0/0 sur le surplus, soit 2,100,000 fr. pour transporter 2,400 autres colons, ce qui donne 5,000 émigrants pour le cas où tous les billets de la Loterie seraient placés.

RÉCAPITULATION.

4,600,000 fr. *pour le transport de* 5,000 *hommes.*
1,100,000 pour les lots.
1,100,000 pour les frais.

Les 200,000 fr. restant seront affectés à une réserve qui, si elle n'était pas épuisée pour dépenses imprévues, serait consacrée á des Œuvres de bienfaisance à répartir par l'autorité administratives sur la proposition du conseil de surveillance.

La Comptabilité Générale sera soumise à l'autorité après la clôture des opérations.

Le Conseil, d'accord avec le Gérant, déterminera l'époque du premier départ de colons qui seront pris à Paris même et transportés à San-Francisco, où 15 jours de planches leur seront accordés pour que pendant ce temps ils puissent trouver de l'emploi.

Signé : LANGLOIS.

AUTORISATION DU PRÉFET DE POLICE A M. LANGLOIS.

3 Août 1850.

Monsieur,

J'ai fait connaître á Monsieur le Ministre de l'Intérieur que je me proposais d'autoriser la Loterie de sept millions dont vous m'avez soumis le projet et dont le produit net est destiné à faire transporter gratuitement en Californie cinq mille émigrans volontaires trop pauvres pour faire les frais de la traversée.

En réponse à cette communication Monsieur le Ministre de l'Intérieur vient de me faire savoir qu'il approuvait, ainsi que moi, ce projet.

En conséquence, je m'empresse de vous annoncer que j'autorise ladite Loterie, mais aux conditions suivantes toutes exécutoires, à peine de nullité de mon autorisation ;

1° Les billets, chacun du prix de un franc, dont le modèle sera soumis à mon approbation avant leur émission, ne seront ni colportés ni offerts en vente à domicile.

2° Ils ne pourront être concédés sans mon approbation préalable pour chaque cas à des particuliers, pour être offerts comme primes à des souscripteurs d'ouvrages périodiques, livres ou autres objets.

3° Le produit de la Loterie sera réparti, ainsi que vous le proposez, de la manière suivante :

Acquisition de soixante-dix Lots.	1,200,000
Frais au maximum.	1,000,000
Réserve pour imprévu.	200,000
Transport a forfait de cinq mille émigrants. . .	4,600,000
Total	7,000,000

Dans le cas où quelque obstacle imprévu dérangerait l'économie de cette répartition, il m'en sera immédiatement référé.

4o Tout traité que vous pourriez faire comme Directeur de la Loterie avec un Gérant qui se chargerait à forfait des frais y relatifs, devra, pour être valable, être autorisé par le Conseil de surveillance dont il sera ci-après parlé.

5o Toute acquisition de lots, location, dépenses de publicité, et généralement toutes opérations financières, actives ou passives de ladite Loterie, seront soumises à l'approbation préalable du même Conseil.

6o Il ne sera fait, sous aucun prétexte, sans mon autorisation préalable, aucune modification à la composition du Conseil de surveillance, composé, ainsi que vous l'avez proposé, de MM. J. Clary, représentant du peuple; L. Porion, idem; De Vaux (du Cher), ancien préfet, membre du conseil de préfecture de la Seine; Decan, maire du 5e arrondissement; A. Gense, officier de la Légion-d'Honneur.

7o Les délibérations ou décisions du Conseil devront être consignées sur un registre spécial et signées à chaque séance par les membres présents.

8o *Les colons, dont le produit net servira à payer le passage, seront désignés par mon administration parmi ceux qui se seront fait inscrire sur des registres ouverts à cet effet; mais les époques de départ, qui devront m'être notifiées par écrit au moins un mois à l'avance, avec indication du nombre des passagers dont chaque départ se composera, seront fixées, de concert entre vous et le Conseil de surveillance sus-indiqué.*

9o Tous les mois il me sera remis un état, par recettes et dépenses, de la situation de la Loterie, et, à la fin de l'opération, un compte général me sera rendu.

Ces états particuliers, et le compte général, seront certifiés par vous, comme Directeur, et par les membres du Comité de surveillance.

10o La souscription sera close au plus tard au 1er août 1851 : elle pourra l'être plus tôt si tous les billets sont placés avant cette époque.

11o Dans le cas où la totalité des billets ne serait pas placée à l'époque de la clôture des opérations, les Lots subiraient une diminution proportionnelle, soit quant au nombre, soit quant à leur valeur, soit concurremment sous ces deux rapports, ce que je me réserve de régler le cas échéant.

12o L'époque, qui sera ultérieurement fixée pour le tirage, ainsi que le lieu et l'heure auxquels il devra avoir lieu, me seront notifiés par écrit au moins quinze jours à l'avance.

13o Les Lots non réclamés dans les deux mois qui suivront le dernier jour du tirage, seront acquis à la Loterie californienne et vendus à son profit.

14o Les sommes restant libres après le prélèvement des frais de toute nature, soit sur les 200,000 francs affectés aux dépenses imprévues, soit sur le produit de la vente des Lots non réclamés, recevront telle destination de bienfaisance, qui sera ultérieurement indiquée de concert avec l'administration de la Loterie et la mienne,

Agréez, Monsieur, etc.

Le Préfet de police,

Signé : CARLIER.

---

28 août 1850.

NOMINATION D'UN COMMISSAIRE SPÉCIAL.

Nous, préfet de police, vu la demande à nous adressée par M. Langlois, tendant à être autorisé à établir une Loterie, dite des Lingots d'or, dont le produit est destiné à faire transporter gratuitement en Californie cinq mille émigrants volontaires, trop pauvres pour faire les frais de la traversée ;

Vu les adhésions, à la suite de ladite demande, de MM. De Vaux (du Cher), ancien préfet, membre du conseil de préfecture de la Seine ; M. Gense, officier de la Légion-d'Honneur ; Decan ; maire du 3e arrondissement de Paris ; J. Clary et Porion, membres de l'Assemblée nationale, lesquels consentent à faire partie du Conseil de surveillance de cette Loterie ;

Vu notre décision, en date du 3 de ce mois, portant autorisation de ladite Loterie (aux conditions qui y sont exprimées), en vertu de l'approbation de Monsieur le ministre de l'Intérieur, à nous notifiée par lettre du même mois ;

Considérant qu'il importe à l'administration d'être continuellement tenue au courant d'une opération aussi considérable par le chiffre du capital appelé, que par le but intéressant qu'elle se propose ;

Considérant dès-lors que, pour atteindre ce résultat, il est nécessaire que l'administration ait auprès de cette Loterie un commissaire chargé spécialement de cette mission de surveillance.

Avons arrêté et arrêtons ce qui suit :

Article premier.

M. Clément Reyre, secrétaire-général de notre préfecture, est nommé commissaire spécial près la Loterie des Lingots d'or.

Art. 2.

En sa qualité de commissaire spécial, M. Clément Reyre représentera d'une manière permanente l'administration auprès de ladite Loterie.

Il assistera aux assemblées du Comité de surveillance, dont toutes les délibérations seront soumises à son approbation, et ne pourront être exécutées qu'après avoir été visées par lui.

Il surveillera toutes les opérations actives et passives de ladite Loterie, et visera toutes pièces comptables ;

Il tiendra la main à l'exécution des conditions imposées par notre décision du 3 de ce mois, et joindra son avis aux états de situation qui doivent nous être transmis chaque mois, et au compte général qui nous sera rendu à la fin de l'opération ;

Il veillera à ce que les lots soient conformes pour la valeur et le poids aux annonces des prospectus et billets, et s'assurera que les capitaux réalisés, sont à mesure des rentrées, employés, conformément à la répartition indiquée dans notre autorisation, et au dos des billets dont le spécimen a été approuvé par nous;

Il arrêtera, de concert avec la direction de la Loterie, les mesures qu'il jugera le plus convenables pour l'inscription des émigrants, l'ordre des départs, les dépenses y relatives, etc., etc.

Enfin, il statuera provisoirement sur toutes les questions de détail et les difficultés d'exécution qui n'ont pu être prévues, et qui pourraient se présenter pendant le cours des opérations confiées à sa surveillance, qui s'étendra sans exception, sur toutes les parties du service.

Fait en notre hôtel, le 28 août 1850.

Le Préfet de police,

Signé : P. CARLIER.

Paris, 30 août 1850.

PRÉFECTURE DE POLICE.

A M. Langlois.

Monsieur,

J'ai l'honneur de vous transmettre ci-joint copie d'un arrêté en date d'hier, par lequel j'ai nommé commissaire spécial de la Loterie que vous dirigez, M. Clément Reyre, secrétaire-général de la préfecture.

Je vous prie de prendre les mesures nécessaires pour lui faciliter l'accomplissement de la mission que je lui ai confiée, et vous aurez à vous entendre avec lui pour tout ce qui concerne l'exécution des conditions qui vous ont été imposées.

Agréez, etc.

Le Préfet de police,

Signé : CARLIER.

Juin 1851.

Monsieur le Ministre de l'Intérieur,

Il y a quelques mois, j'ai obtenu du gouvernement l'autorisation d'émettre une loterie, dont le produit était destiné à favoriser l'émigration en Californie de 5,000 ouvriers sans travail.

Vous savez, Monsieur le Ministre, quelles étaient alors les idées universellement répandues sur la Californie. Aucun point du globe ne sollicitait à un égal degré les chercheurs de fortune et d'aventures; aucun ne semblait offrir autant d'avantages réels.

Depuis, les idées ont changé. Des documents sont parvenus en Europe qui présentent l'état des choses sous un jour beaucoup moins attrayant : soit la diminution des ressources naturelles, soit la concurrence d'un nombre trop considérable d'émigrants, la Californie a beaucoup perdu de son attrait, et l'on a pu, sans déraison, concevoir et exprimer des craintes sur le succès d'une émigration exécutée sur une trop vaste échelle.

Cela étant, j'ai pensé que, pour rester dans les vues qui avaient déterminé le Gouvernement, vues toutes d'humanité, de sympathie et de protection pour les classes ouvrières, il était nécessaire de lui présenter un nouveau moyen d'exécution.

Je viens en conséquence, Monsieur le Ministre, soumettre à votre haute appréciation une idée fort simple, d'une exécution facile et sûre, et qui me paraît également avantageuse pour les travailleurs, pour le trésor public, et enfin pour un pays dont le nom sera éternellement lié au nom du chef de l'Etat.

En quelques mots, voici ce dont il s'agit :

L'Etat possède en Corse des forêts immenses. Faute de capitaux et par d'autres motifs qu'il serait trop long d'énumérer ici, ces forêts ne sont pas exploitées, et toutes les adjudications offertes à la spéculation ont, jusqu'à ce jour, échoué. De là un grand préjudice pour les revenus publics, pour plusieurs industries, pour la Marine, pour la Corse elle-même, et enfin, pour la Métropole.

Mettre en valeur cette partie improductive du domaine public serait une entreprise dont l'utilité est manifeste. Je propose au Gouvernement d'y appliquer les puissants moyens d'action, hommes et capitaux, que la Loterie des Lingots d'or va mettre à sa disposition.

Les avantages de ce nouveau mode d'exécution sont tellement évidents que je ne crois pas devoir m'y appesantir. Je me borne à les indiquer en quelques mots.

D'après les statuts de la Loterie chaque travailleur à droit à une somme de 920 francs. Dans l'hypothèse de l'émigration en Californie, le voyage absorbera cette somme entière et l'émigrant débarqué sera réduit à ses ressources personnelles. Dans l'hypothèse de l'émigration en Corse deux parts seraient faites : Chaque travailleur recevrait :

1° Pour ses frais de voyage et de premier établissement, 420 francs en espèces;

2° Pour sa part d'intérêt dans les résultats de l'entreprise une action de 500 francs. Et cette somme de 500 francs qui lui serait ainsi constituée en capital, il en recevrait une seconde fois, la plus grande partie sous forme de salaire.

Pour le travailleur donc la différence est immense. Elle n'est pas moins considérable pour l'Etat qui retiendrait en France un capital important, et qui, tout en éloignant du milieu des agitations une population énergique et turbulente, ne priverait pas la nation et l'enrichirait, au contraire, des produits d'un travail utile et jusqu'à présent inexécutable.

Pour ne point abuser de votre temps je me borne, Monsieur le Ministre, à ces simples indications. Votre sagacité découvrira facilement tout le reste des conséquences qui ressortent du plan que j'ai l'honneur de vous soumettre.

Si, comme je l'espère, vous le jugez digne de votre approbation, je m'empresserai de vous présenter tous les détails du projet, relatifs à l'association des travailleurs, à l'emploi des capitaux, à l'intervention de l'État, etc., etc.

Agréez,

Monsieur le Ministre,

les hommages respectueux de votre serviteur,

LANGLOIS.

Extrait du Registre des délibérations du Conseil de surveillance.

(Séance du 19 Juillet 1851.)

M. le commissaire du gouvernement a rappelé qu'il avait été formellement convenu que les avis publiés pour la Loterie dans les journaux seraient préalablement soumis au Conseil de surveillance ou du moins au commissaire du gouvernement.

M. Langlois explique que, sur l'avis qu'il a reçu de M. le commissaire, il y a deux jours, il s'est empressé de faire supprimer dans les annonces des journaux le passage qui vient d'être signalé et qui ne sera plus publié dans les journaux de Paris, à partir de ce jour, et dans ceux des départements aussitôt que les instructions y seront parvenues.

Il ajoute que, tout en donnant cette preuve de déférence pour le désir exprimé par M. le commissaire du gouvernement, il renouvelle ses protestations contre toute décision qui le priverait du droit de faire le transport des émigrants, droit consacré par sa demande, par la concession qu'il a obtenue et aussi par la décision de M. le Préfet de police qui fixe les attributions de M. le commissaire du gouvernement.

Il fait observer, d'ailleurs, qu'en sa qualité de créateur de toute l'opération, il croit avoir aujourd'hui des documents importants à faire apprécier contre l'émigration en Californie, et il insiste pour que la question soit mûrement étudiée par l'autorité supérieure avant qu'elle prenne un parti définitif, au point de vue de la plus grande utilité que l'on pourrait retirer des fonds recueillis par la Loterie pour ceux qui seront appelés à en profiter.

M. le commissaire annonce avec regret qu'il n'a encore reçu aucune instruction de Monsieur le ministre de l'Intérieur, soit sur le départ des émigrants, soit sur la dernière question qu'il avait cru devoir lui soumettre.

Paris, le 17 Août 1851.

A Monsieur le Maire de la ville du Havre.

Monsieur le Maire,

Un grand malheur vient d'arriver dans le port du Havre. Par suite de l'incendie des chantiers de M. Normand, plus de six cents ouvriers vont se trouver sans pain.

J'ai pensé, Monsieur, qu'il était du devoir de tout bon citoyen, de chercher un moyen pour venir au secours de tant de malheureux pères de famille.

La ville du Havre a toujours été à la tête des villes qui sont venues spontanément au secours des ouvriers ; j'en ai une grande preuve par l'empressement que ses habitans ont mis à prendre des billets pour une Loterie en leur faveur.

Les habitants des trois communes ont déjà pris 70,000 billets qui forment par conséquent, une somme de 46,000 francs nets au profit des ouvriers.

J'ai donc pensé, Monsieur le Maire, qu'il serait facile d'obtenir de Monsieur le Ministre de l'intérieur le reversement des souscriptions du Havre au profit des malheureuses victimes du sinistre, cela dans la proportion de la somme destinée à l'émigration, proportion qui établit que le Havre a payé le passage de 50 ouvriers à raison de 920 francs, soit 46,000 francs.

Pourquoi ne donnerait-on pas cette somme à cinquante familles qui souffrent dans leurs foyers et qui ne peuvent prévoir le terme de leurs souffrances? Ce n'est pas M. le ministre de l'intérieur qui s'y refuserait ; cette application exceptionnelle lui paraîtrait d'autant plus raisonnable qu'elle serait une justice rendue aux habitants du Havre, en ce sens que, sans les surcharger de nouveau, ils pourraient, par ce moyen, venir au secours d'une population qui a toutes les sympathies.

Je suis convaincu d'avance, Monsieur le Maire, que cette pensée sera appuyée par vous, bien accueillie par tous les souscripteurs de billets dans le Havre et son arrondissement, et qu'elle soulagera le cœur de M. Normand, digne et généreux soutien de tant de familles, et dont la préoccupation est aujourd'hui plutôt portée sur la misère qui est sortie des flammes de ses chantiers que sur sa ruine personnelle.

Agréez, Monsieur le Maire, etc. J. LANGLOIS.

PRÉFECTURE DE POLICE.

—

Secrétariat Général.

—

1er BUREAU.

—

Paris, le 12 Septembre 1851.

Nous, Préfet de Police,

Vu la décision en date du 3 août 1850, qui a *concédé* la Loterie des Lingots d'or;

Vu le procès-Verbal d'enquête dressé par M. Boudrot, commissaire de police aux délégations, sous la date d'hier;

Vu le rapport de notre secrétaire général, commissaire spécial du Gouvernement près la Loterie des Lingots d'or;

Considérant que la gestion de la Loterie des Lingots d'or, par M. Langlois, a donné lieu à des reproches extrêmement graves;

Considérant que la totalité des billets paraît placée, et qu'il ne peut plus être question que de faire rentrer le montant des billets non encore payés, et de constater soit le nombre, et les numéros des billets non placés, soit les sommes restant dues par des dépositaires dont M. Langlois est garant;

Considérant que cette liquidation faite par M. Langlois ne saurait donner aux intérêts publics et particuliers engagés dans la Loterie des Lingots, les garanties qui lui sont indispensables;

Considérant que cette liquidation peut être faite par toute autre personne que M. Langlois, sans que celui-ci en souffre le moindre préjudice, et en lui réservant tous ses droits qui devront être liquidés à la fin de l'opération;

Arrêtons :

ARTICLE 1er.

La Loterie des Lingots d'or est *déclarée close, et toute émission ou vente publique de billets est dès ce jour interdite. Les fonctions et le titre donnés* à M. Langlois sont dès à présent déclarés sans effet et au besoin retirés.

ART. 2.

M. L. Oudiné, demeurant, 12, rue Blanche, est nommé liquidateur de la Loterie des lingos d'or. A ce titre, il aura à poursuivre, *sous la direction* et le contrôle de notre secrétaire général, commissaire spécial du gouvernement près la Loterie, les rentrées de toutes les sommes dues *ou des billets non placés*, à verser immédiatement à la Banque, au compte ouvert pour la Loterie, toutes les sommes qui rentreront, à établir le tableau des dépositaires qui seront restés débiteurs, à régler le compte définitif de ce qui pourra revenir à M. Langlois, et à faire enfin tout ce qui pourra être nécessaire pour conduire l'opération de la Loterie des lingots d'or à une liquidation définitive.

ART. 3.

Notre secrétaire général est chargé de l'exécution du présent arrêté.

Le Préfet de police,
Signé : P. CARLIER.

Pour copie conforme :

Le secrétaire général,
Signé : CLÉMENT REYRE.

DÉLÉGATIONS JUDICIAIRES.

L'an mil huit cent cinquante-et-un, le quinze septembre.

Nous, Alphonse Boudrot, commissaire de police de la ville de Paris, et spécialement chargé des délégations judiciaires,

Notifions à M. Langlois, Directeur de la Loterie des lingots d'or, domicilié rue Louis-le-Grand, 20, l'arrêté de M. le Préfet de police, en date du 12 de ce mois, dont la teneur est d'autre part, et qui prescrit d'installer comme liquidateur de ladite Loterie, pour remplacer le sieur Langlois dans ses fonctions, M. L. Oudiné, demeurant rue Blanche, 12.

Et pour que ledit sieur Langlois n'en puisse prétendre cause d'ignorance, nous lui avons remis cette copie de notre procès-verbal de notification et de l'arrêté précité.

En suite, en notre présence M. Langlois a fait remise à M. Oudiné, qui le reconnaît, des valeurs ci-après détaillées, savoir :

Espèces et billets de banque.	14,068 fr. 90 c.
Espèces à recevoir.	
Total.	
Billets de la Loterie en caisse.	433,422 »
Total général.	

M. Langlois a également fait la remise à M. Oudiné des souches des sept millions de billets, comme aussi des registres, correspondances et objets divers composant le matériel de l'administration de la Loterie des Lingots d'or.

Il a été constaté en notre présence que jusqu'à ce jour M. Langlois a versé à la Banque de France la somme de trois millions huit cent trente-trois mille francs.

Bien que M. Langlois n'ait fait aucune résistance à l'exécution du présent arrêté, *il a déclaré protester contre la mesure prise par l'autorité à son égard, se réservant d'en déduire ultérieurement les motifs.*

De ce qui précède, nous avons rédigé le présent procès-verbal, qui, après lecture, a été signé par MM. Oudiné, liquidateur, Langlois, ex-Directeur, Vidal, chef des bureaux et par nous.

Le Commissaire de police,

Signé : BOUDROT.

DOCUMENTS COMMUNIQUÉS.

Copie d'une lettre, en date du 1er août 1850, adressée à M. le Préfet de police, par M. le Ministre de l'intérieur.

Monsieur le Préfet, j'ai de nouveau examiné les détails contenus dans la lettre que vous m'avez fait l'honneur de m'écrire le 21 juillet dernier, au sujet de la loterie, dite Californienne, que M. Langlois, ancien armateur, demande l'autorisation d'établir au capital de sept millions de francs, et dont le produit net évalué à 4,600,000 francs, outre, une réserve de 300,000 francs, serait destiné au transport de 5000 émigrants en Californie.

Sous le double point de vue de la bienfaisance et de l'ordre public, je suis convaincu, ainsi que vous, *qu'il serait avantageux que le projet de M. Langlois fût exécuté.* Je vous invite donc à vouloir bien faire terminer cette affaire le plus tôt qu'il vous sera possible. M. Langlois attend VOTRE AUTORISATION pour se mettre en mesure *de commencer l'entreprise importante qu'il a conçue.*

Le Ministre,

Signé : BAROCHE.

Pour copie conforme, le Chef de la comptabilité de la Préfecture de police,

Signé : DE BULLEMONT.

Extraits du Rapport de M. Reyre à M. le Préfet de Police, du 5 novembre 1850.

PRÉFECTURE DE POLICE.

CABINET
du
Secrétaire-général.

Paris, 5 novembre 1850.

Monsieur le Préfet,

Vous m'avez fait l'honneur de me nommer par arrêté du 28 août dernier, commissaire spécial du gouvernement, près la Loterie des lingots d'or, et de me confier les pouvoirs les plus étendus pour la surveillance et sur la direction de cette loterie.

Je viens vous rendre un compte détaillé de ses premières opérations et de sa situation actuelle.

C'est par décision du 3 août, et sur l'approbation de M. le Ministre de l'intérieur, que vous avez autorisé la Loterie des lingots d'or. . . . .

Les conditions de cette Loterie telles que je viens de les résumer, sont simples, claires, loyales, et semblent suffisantes pour garantir des inconvénients et des dangers qui trop souvent accompagnent ces sortes d'opérations.

D'un autre côté, les frais sont déterminés à forfait. Leur taux est modique, si on considère qu'ils devront embrasser toutes les dépenses d'administration, les frais de publicité, qui, dans l'état de la presse, sont aussi onéreux qu'indispensables, et les remises à accorder pour faciliter le placement des billets, remises qui dans quelques circonstances analogues, se sont élevées dans une proportion fort considérable. Cette fixation absolue des frais met à l'abri des exagérations de dépenses, et de la production des comptes plus ou moins enflés qui sont venus plus d'une fois, dans des œuvres propagées sous le masque de la bienfaisance, absorber la presque totalité des produits apparents. Elle laisse, si elle n'est pas atteinte, la chance d'un bénéfice légitime, aux concessionnaires de la Loterie, qui, intéressés à la fois, à ne rien négliger pour accomplir l'œuvre dont ils se sont chargés, et à économiser les dépenses, sont forcément conduits à ne faire que celles réellement utiles au succès.

D'autre part, les lots doivent être délivrés en lingots ou espèces d'or, évalués par l'administration de la Monnaie, de sorte qu'il n'y a à redouter ici, aucune de ces scandaleuses exhibitions, de ces appréciations mensongères, qui quelquefois ont imprimé aux Loteries un caractère de charlatanisme et de fraude.

Graces à ces prescriptions nouvelles, à ces sages précautions prises par monsieur le Préfet, *la surveillance de la Loterie* n'a en quelque sorte plus à s'exercer que sur l'emploi de la somme qui doit en être le produit, déduction faite des lots et des frais. Cet emploi soulevait des questions pleines d'intérêt; il devait réaliser le but qui avait guidé le gouvernement *dans son autorisation*. C'est là qu'était l'accomplissement de l'œuvre, qui dès l'abord avait donné à la Loterie des lingots d'or, une couleur toute particulière de philantropie et d'utilité publique. . . .

. . . .

J'arrive à un côté de la question un peu délicat et qui vous a vivement préoccupé.

Dans ces derniers temps, des reproches vagues, mais partant de divers côtés, ont été dirigés soit contre la Loterie des sept millions, soit contre les concessionnaires ou agents. Ils sont parvenus à M. le Ministre de l'Intérieur, qui, sous leur impression, ne semblait pas éloigné de retirer l'autorisation qui a été donnée à *M. Langlois.*

Le présent rapport réunit tous les documents propres à vous faire juger, si, quant à la Loterie en elle-même, il y a lieu de recourir à une mesure aussi grave.

Elle ne pourrait être motivée que sur l'*inexécution des conditions imposées*, ou par une sorte de surprise qui aurait été faite au Gouvernement, soit en obtenant de lui une autorisation pour des noms indignes de cette faveur, soit en abusant de cette autorisation.

La Loterie ne doit être close que le 1er août 1851. Pour l'intervalle qui nous sépare de cette époque, aucune condition progressive n'a été imposée aux concessionnaires. Leur marche doit être graduelle, mais la mesure des progrès qu'ils doivent faire n'a pas été tracée; elle ne pouvait pas l'être, d'autant plus que d'ordinaire ces sortes d'affaires ne prennent une allure décidée que lorsqu'elles touchent à leur terme, que lorsque les chances aléatoires qu'entraînent la plupart des preneurs de billets sont prochaines.

Les progrès ont été très-lents, dira-t-on; cette lenteur ne serait sans doute pas un motif légal d'annuler l'autorisation, mais il suffisait au Gouvernement, qui a toujours la faculté de la retirer, d'être convaincu que le but proposé ne sera pas atteint, pour qu'il se décidât à arrêter une affaire qui n'aurait pas de chances de succès, et qui occuperait inutilement et d'une manière fâcheuse l'opinion publique.

Il semble difficile de tirer de la situation où est actuellement la Loterie des Lingots d'or, la conséquence qu'elle ne pourra arriver à son but. Les moyens d'action en province et à l'étranger commencent à peine à fonctionner, et il est impossible de juger leur efficacité.

Un argument contre la possibilité du succès de la Loterie, a été pris dans la MINIMITÉ DES FRAIS ALLOUÉS aux concessionnaires, frais qui, comme j'ai eu l'honneur de vous l'exposer *sont de 14 pour 100 en moyenne, si toute la Loterie est réalisée.* L'allocation des frais réduite à ce taux ne permettra pas, a-t-on dit, de faire les sacrifices nécessaires pour arriver au placement des billets. Je ne puis appuyer cet argument. Je comprendrais peut-être que les concessionnaires de la Loterie vinssent se plaindre de ce que les frais qui leur sont alloués ne sont pas suffisants; je ne m'étonnerais pas de les voir *solliciter une augmentation*, en se fondant sur ce que, dans le principe, *ils avaient cru pouvoir compter sur les bénéfices éventuels des transports* . . . .

Mais si la marche de la Loterie en elle-même ne peut motiver un retrait de l'autorisation, cette mesure serait-elle commandée par l'abus qui aurait été fait de cette autorisation, par la surprise qui aurait été faite au gouvernement d'une concession, pour des noms qui en auraient été indignes?

J'arrive ici, à mon grand regret, à des questions tout à fait personnelles.

Il faut d'abord dire que, si la Loterie des Lingots d'or a été imaginée, poursuivie et propagée par diverses personnes qui y voyaient à la fois et une affaire pour elles, et un but philantropique pour le pays, C'EST M. LANGLOIS SEUL QUI A ÉTÉ L'ÉDITEUR DE L'OEUVRE, C'EST LUI QUI EST DIRECTEUR, C'EST AVEC LUI SEUL QUE L'AUTORITÉ PEUT AVOIR DES RAPPORTS OFFICIELS, C'EST LUI QUI EST LA PERSONNIFICATION DE LA LOTERIE DES LINGOTS D'OR. Nous n'avons donc pas à nous occuper des personnes qui peuvent avoir avec lui, pour l'accomplissement de l'affaire, des arrangements que nous n'avons pas à connaître; c'est lui qui paie ses agents avec l'allocation des frais qui lui est faite, c'est à lui à en répondre. Nous n'avons donc à rechercher, ni quels peuvent être les associés de M. Langlois, ni quels sont ses agents.

M. Langlois a-t-il abusé de l'autorisation qui lui a été donnée?

Sa situation morale, ses antécédents rendent-ils fâcheuse sa position de Directeur de la Loterie des Lingots d'or, et sont-ils de nature à nécessiter une mesure qui lui enlève ce titre?

L'achat du *Jonas* a certainement produit un effet déplorable et a été l'occasion de grands reproches adressés à M. Langlois. Toutefois, cet achat n'a rien eu de secret, M. LANGLOIS CROYAIT ET POUVAIT CROIRE QUE L'ACTE DE SON AUTORISATION LUI ABANDONNAIT LES TRANSPORTS A FORFAIT, ET IL FAUT CONVENIR QUE LES TERMES DANS LESQUELS ÉTAIT RÉDIGÉ CET ACTE, POUVAIENT, JUSQU'A UN CERTAIN POINT, JUSTIFIER UNE PAREILLE PRÉTENTION.. . . . .

Comment donc appuyer un retrait sur cette circontance, *que la rédaction de l'acte aurait dû prévenir, et* QUE LOIN DE LA ELLE SEMBLAIT ADMETTRE?

M. Langlois est-il personnellement, par sa position morale et par ses antécédents, indigne d'attacher son nom à la direction de la Loterie des Lingots, patronée par le Gouvernement? Y a-t-il lieu, sous ce point de vue, à prendre une décision qui lui enlèverait le titre de Directeur, *et qui ne serait d'ailleurs motivée sur aucune infraction aux conditions imposées?* Eh bien, mon devoir est de le dire, *c'est ce qui ne serait pas juste.*

Peut-être, lorsque l'autorisation de la Loterie a été donnée, lorsque *M. Langlois* a été nommé Directeur, y a-t-il eu un peu de légèreté dans ce choix. *Mais, toutefois, rien dans le passé de M. Langlois, d'après les investigations* LABORIEUSES *auxquelles je me suis livré, n'a porté atteinte à sa probité; aucun précédent judiciaire ne pèse sur lui.* Une note confidentielle qui m'a été transmise, et qui émane d'un homme peu favorablement disposé pour M. *Langlois*, entre à cet égard dans des détails piquants, *mais qui laissent la réputation de ce dernier intacte.* . . . .

. . . .

Je crois avoir établi que la Loterie des Lingots d'or est dans des conditions morales supérieures à celles des loteries autorisées jusqu'à ce jour.

. . . .

Le Secrétaire général de la Préfecture de Police, Commissaire spécial du Gouvernement près la Loterie des Lingots d'or,

CLÉMENT REYRE.

Copie d'une lettre, en date du 2 août 1851, adressée à M. le Préfet de police par M. le Ministre de l'intérieur.

EXTRAIT.

Monsieur le Préfet, le Directeur de la Loterie des Lingots d'or vient de m'adresser une lettre dans laquelle il se plaint de ce que la maison Marziou du Havre, désignée par M. le Commissaire du Gouvernement, serait chargée du transport des émigrants,

Cette lettre est accompagnée, entre autres pièces, d'une copie du procès-verbal de la séance du Conseil de surveillance du 19 juillet dernier, contenant, de la part de M. Langlois, le renouvellement de ses protestations contre toute décision qui le priverait du droit de faire le transport des émigrants.

. . . .

Le Ministre,

Signé : Léon Faucher.

Pour copie conforme, le Chef de la comptabilité de la Préfecture de police,

Signé : de Bullemont.

Extrait du Rapport de M. Reyre à M. le Préfet de police, du 12 septembre 1851.
(Voir l'arrêté de retrait d'autorisation du même jour, page 13).

. . . .

Il est un autre intérêt moins important, mais que vous ne pouvez cependant repousser d'une manière absolue, qui commande la même mesure. M. Langlois est seul concessionnaire en titre; mais il a des intéressés, et il est notoirement connu que ce sont ces intéressés qui ont réellement poursuivi et obtenu la Loterie des Lingots d'or, et que M. Langlois n'a été, en quelque sorte, que leur prête-nom. Eh bien! M. de Reims, au nom de ces intéressés, m'a adressé, sous la date d'hier, une lettre que je joins au présent rapport, et dans laquelle il demande avec instance que la liquidation de la Loterie ne soit pas laissée à M. Langlois, parce que, dit-il, si celui-ci continuait de prélever directement, pour lui seul, comme il l'a fait jusqu'à présent, l'allocation proportionnnelle, il ne resterait à ses intéressés aucune garantie de trouver à la fin de la liquidation la portion de de bénéfices qui doit leur revenir.

Il faut d'ailleurs bien remarquer qu'en confiant la liquidation de la Loterie à tout autre personne qu'à M. Langlois, il ne sera fait aucun tort à celui-ci. Ce qu'il avait à faire est fait; *Ses droits sont maintenus, sont réservés;* la seule différence qui résultera de la mesure, c'est que l'allocation de M. Langlois, au lieu d'être prélevée directement et immédiatement, *sera versée, comme toutes les autres portions des recettes, au compte ouvert à la Banque, pour être liquidée lorsque l'opération sera terminée, et pour être remise, sous la déduction des réductions dont elle pourra être susceptible, à M. Langlois ou à ses ayant-causes.*

Quant à la liquidation en elle-même, elle présente peu de difficultés et pourra être conduite rapidement.

En effet, il résulte du procès-verbal de M. Boudrot *que les écritures de la Loterie sont tenues avec beaucoup d'ordre et de régularité.* Ce qu'il y a à liquider, *loin d'être compliqué est fort simple.* . . . .

Les fonctions de liquidateur consisteraient donc uniquement à faire rentrer les billets ou leur montant, à verser les sommes provenant des rentrées au compte ouvert à la Banque, et à constater le nombre et le chiffre des dépositaires *qui, ne pouvant donner ni argent ni billets, doivent être constitués débiteurs de M. Langlois,* et portés en déduction des sommes revenant à celui-ci pour ses allocations. . . .

. . . .

Le Secrétaire général,

Signé : Clément Reyre.

Extrait de la soumission de M. Marziou et Cie, acceptée par M. Reyre, et convertie en marché pour le transport des émigrants, malgré la résistance de M. Langlois.

31 octobre 1850, et 23 juillet 1851.

. . . .

Art. 21. — La présente soumission, approuvée par le Commissaire du Gouvernement, obligera à la fois l'administration de la Loterie et le concessionnaire.

En cas de contestations, elles seront portées devant les tribunaux consulaires.

. . . .

Pour copie conforme, le Chef de la comptabilité de la Préfecture de police, délégué,

De Bullemont.

Imp. Bénard et Cie., rue Damiette, 2.

www.ingramcontent.com/pod-product-compliance
Lightning Source LLC
LaVergne TN
LVHW020513230826
846091LV00008BA/3473
9782013627924